أحمر أخضر أصفر

تأليف: ميساء موسى

رسوم: نور التوبة

دار الرُّقيّ

للطباعة والنشر والتوزيع

كَالعادَة، أَذْهَبُ مَعَ جَدّي «حَسّان» إلى البُسْتانِ في يَوْمِ العُطْلَة. وفي طَريقِنا إلى هُناك بَدَأ جَدّي يَسْأَلُني: «هَلْ تَعْرِفُ يا وِسام ماذا سَنَقْطِفُ اليَوْم؟».

3

فَكَّرَ «وِسام» وقال: «العِنَبْ يا جَدّي!».

أجابَ الجَدّ: «لا يا وِسام، سَوْفَ أُساعدُكَ لِتَعْرفَ... يوجَدُ مِنْهُ ثَلاثَةُ أَلْوانٍ: **أَحْمَر**، **أَخْضَر**، **وأَصْفَر**، وكُلُّ نَوْعٍ مِنْهُ لَهُ طَعْمُهُ الخاصّ، فَمِنْهُ الحُلْو، مِنْهُ المُرّ، ومِنْهُ الحامِض».

تَعَجَّبَ «وِسام» وقال: «لَكِنَّني يا جَدّي لَمْ أَعْرِفْ ما هُوَ!».

أضافَ الجَدّ: «إنَّهُ نَوْعٌ مِنْ أَنْواعِ الفاكِهَةِ الصَّيْفِيَّة، ويَحْتَوي عَلى مَوادٍ سُكَّرِيَّةٍ وأَيْضًا عَلى فيتامين ـ ج».

فَكَّرَ «وِسام» وقال: «هَلْ هُوَ الكَرَزُ يا جَدّي؟».

أجابَ الجَدّ: «لا يا عَزيزي، شَكْلُهُ يُشْبِهُ الكُرَةَ وهُوَ أَكْبَرُ مِنَ الكَرَز، فَحَبّاتُ الكَرَزِ صَغيرَةٌ جِدًّا».

نَظَرَ «وِسام» إلى جَدِّهِ وقال: «الآنَ عَرَفْتُ يا جَدّي! إنَّهُ التُّفّاح!».

الجَدّ: «أحْسَنْتَ يا حَفيدي وِسام».

وَضَعَ الجَدُّ «حَسّان» سَلَّةً تَحْتَ كُلِّ شَجَرَةٍ. وطَلَبَ مِنْ حَفيدِهِ «وِسام» أنْ يَضَعا التُّفّاحَ في السَّلَّةِ حَسَبَ اللَّوْن.

أصفر
أخضر
9

وهُما يَعْمَلانِ... سَأَلَ «وِسام» جَدَّه: «أَنْتَ قُلْتَ لي أَنَّ لِكُلِّ نَوْعٍ مِنَ التُّفّاحِ طَعْمٌ يَخْتَلِف عَنِ الآخَر، إِذًا التُّفّاح الأَحْمَرُ ما طَعْمُه؟».

ـ طَعْمُهُ حُلْوٌ.

ـ والتُّفّاحُ الأَصْفَرُ ما طَعْمُه؟.

ـ طَعْمُهُ مُرٌّ.

ـ والتُّفّاحُ الأَخْضَرُ يا جَدِّي ما طَعْمُه؟.

ـ طَعْمُهُ حامِضٌ.

ـيُعْتَبَرُ التُّفَّاحُ الأَصْفَرُ مِنَ الفاكِهَةِ الطَّرِيَّةِ الّتي يَسْهُلُ أَكْلَها.

فَرِحَ «وِسام» وقال: «شُكْرًا لَكَ يا جَدّي عَلى هَذِهِ المَعْلومات، فَقَدْ تَسَلَّيْنا اليَوْمَ كَثيرًا».

ـ كُلَّ يَوْمٍ يا عَزيزي سَأُعَرِّفُكَ عَلى نَوْعٍ جَديدٍ مِنَ الفاكِهَةِ أوِ الخُضار.

ـ هَيّا يا جَدّي لِنَذْهَبَ إلى البَيْت، أُريدُ أَنْ أَطْلُبَ مِنْ جَدّتي شَيْئًا!.

ـ وما هُوَ يا وِسام؟

ـ أَسْرِعْ يا جَدّي قَبْلَ غُروبِ الشَّمْس، عِنْدَما نَصِلْ سَتَعْرِف.

وَصَلا إلى البَيْت، وكانَتْ جَدَّتَهُ «نَجْوى» تَنْظُرُ إِلَيْهِما مِنْ نافِذَةِ المَطْبَخ.

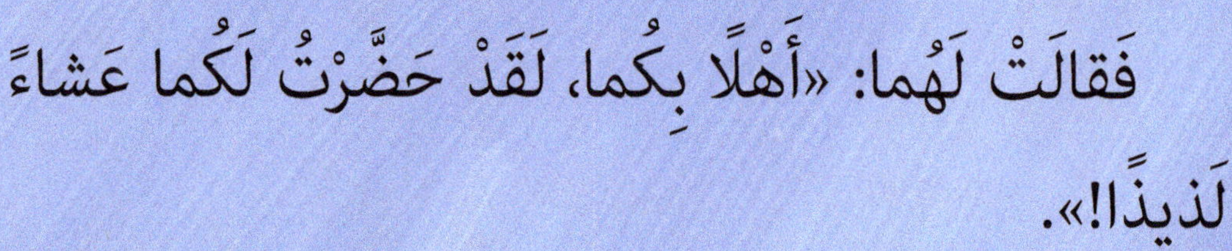

فَقالَتْ لَهُما: «أَهْلًا بِكُما، لَقَدْ حَضَّرْتُ لَكُما عَشاءً لَذيذًا!».

أَسْرَعَ «وِسام» وَوَقَفَ تَحْتَ النّافِذَةِ وقَدْ غَمَزَها: «اُنْظُري يا جَدَّتي ماذا أَحْضَرْنا، فاكِهَةً تُحِبّينَها».

ـ نَعَمْ يا عَزيزي وِسام فَأَنا أُحِبُّ التُّفّاحَ الأَحْمَرَ كَثيرًا.

ـ ولِمَ لا تَصْنَعينَ لي فَطيرَةً لَذيذَةً مِنَ التُّفّاح؟!».

ضَحِكَ الجَدُّ وقال: «أَهَذا هُوَ طَلَبُكَ يا وِسام؟».

أجابَ «وِسام»: «نَعَم، هَيّا يا جَدَّتي، لَقَدْ شاهَدْتُ البارِحَةَ عَلى التِّلْفازِ طَريقَةً لِصُنْعِ فَطيرَةِ تُفّاحٍ وسَوْفَ أُساعِدُكِ في المَطْبَخ».

ضَحِكَتِ الجَدَّة: «حَسَنًا يا عَزيزي، غَدًا في الصَّباحِ سَنُعِدُّ مَعًا أَطْيَبَ فَطيرَةِ تُفَّاحٍ».

راحَ «وِسام» يَرْقُصُ ويُرَدِّد: «فَلْتَحْيا جَدَّتي نَجْوى، أنا أُحِبُّكِ كَثيرًا!».

أسئلة عامّة حول القصّة:

1 - ما هي الفاكهة الّتي قطف منها «وسام» مع جدّه؟

....

2 - كم نوع يوجد من التّفّاح؟ وما طعم كلّ نوعٍ منه؟

....

3 - ما هو نوع التّفّاح المفضّل عند الجدّة؟

....

4 - ماذا أعدّت الجدّة «نجوى» لـ«وسام»؟

....

AF364801

9 786144 620137